Druckschriftlehrgang

von Wilfried Metze

mit Illustrationen von
Burkhard Kracke und
Silke Voigt

D1700229

E E   E

e e   e

Ee Ee   Ee

L_o   L_o

O_e   O_e

5

M M . . M

m m . . m

Mm Mm . . Mm

_ama

_ama

Al_

Om_

__ama

_ama

Al_

Om_

6

P P   P

p p   p

P p P p   P p

Op_

_apa

Lam_e

Amp_l

_alme

_appe

7

1 Lama   2 Mama   3 Palme   4 Lampe

5 Plan   6 Papa   7 malen   8 Ampel

N N . . . . . N

n n . . . . . n

Nn Nn . . . . . Nn

__ann

Melo_e

mal_n

_lan

Alle malen _

Malen alle _

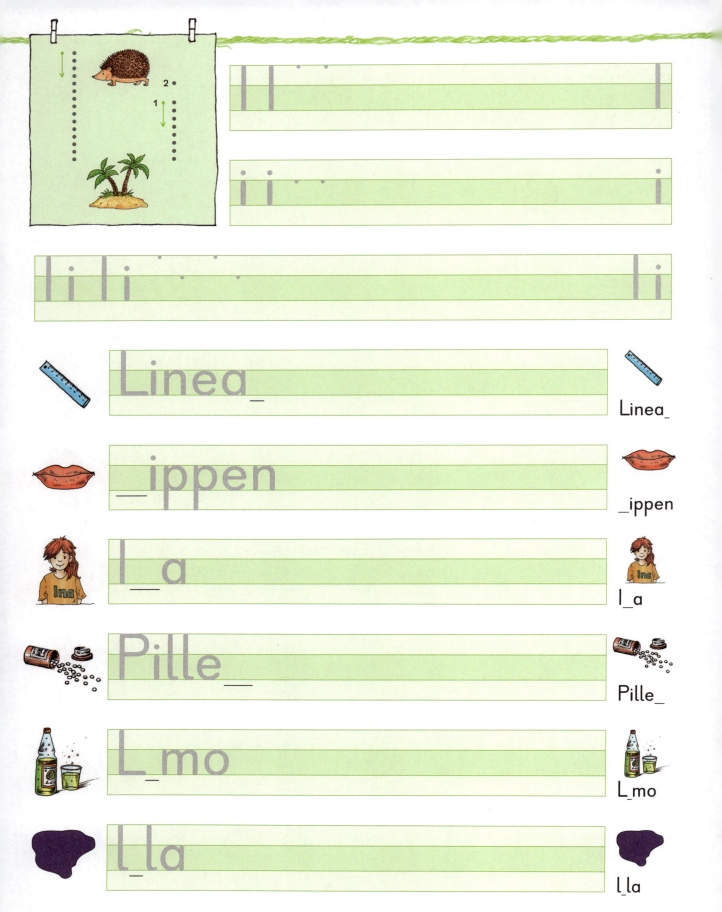

I I I

i i i

l i l i l i

Linea_

_ippen

l_a

Pille_

L_mo

l_la

Linea_

_ippen

l_a

Pille_

L_mo

l_la

10

To__ate

Man_el

_al

Ta_te

T_nte

E_t_

1 Tal 2 Tante 3 Pille 4 Enten
5 Mantel 6 Tonne 7 Tinte 8 Tanne

S S   S

s s   s

Ss Ss   Ss

Sesse_   Sesse_

Na_e   Na_e

Alles i t am _attel.

T_sse

_ee

T_sse

_ee

| | 1 | 2 | 3 | 4 | 5 | 6 | 7 | 8 |

P

L

A

N

Male: P7 Sonne   A7 Sattel   L2 Amsel

P4 Palast

L2

N6

In   P5

A1

P1

14

W W   W

w w   ·   w

Ww Ww   ·   Ww

Wimpe_

__olle

Wes_e

W_nne

La_ine

___ __ _ _

Wimpe_

__olle

Wes_e

W_nne

La_ine

___ __ _ _

1 Lawine   2 will   3 Wanne   4 Sonne
5 Tanne   6 Watte   7 warnt   8 Tal

R R R

r r r

Rr Rr Rr

_oller

R_tte

T_r

Ar_

T_eppe

P_rlen

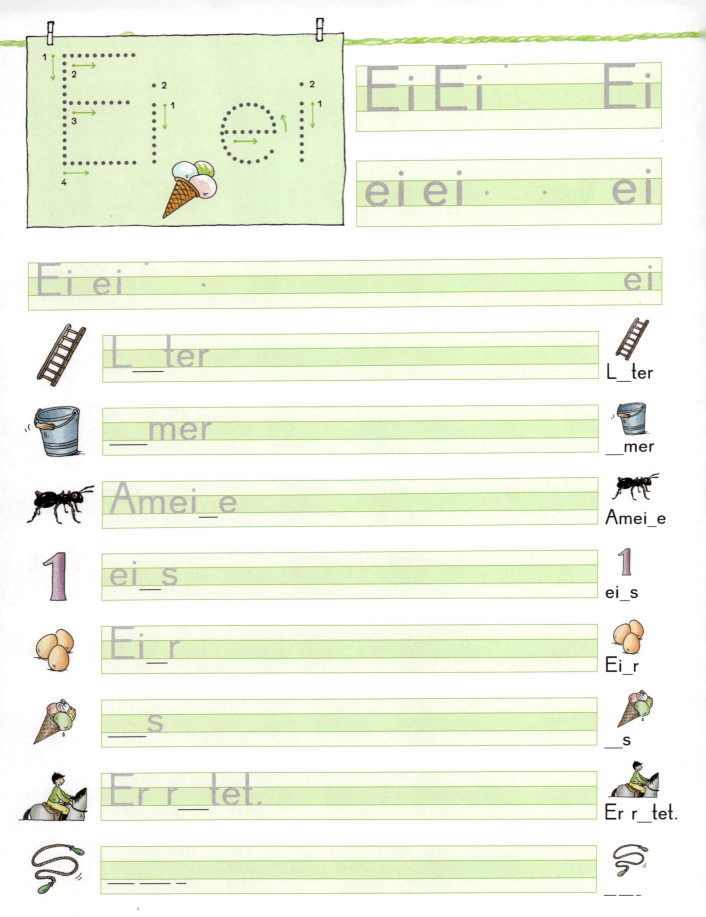

Ei Ei   Ei

ei ei · · ei

Ei ei   ·   ei

L_ter

__mer

Amei_e

1 ei_s

Ei_r

__s

Er r_tet.

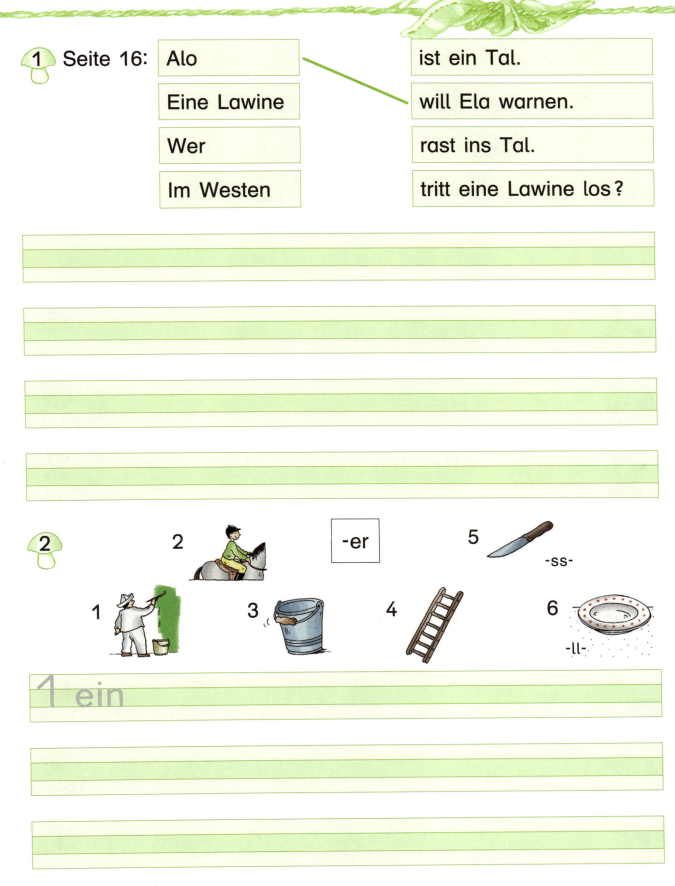

1 Seite 16:

Alo	ist ein Tal.
Eine Lawine	will Ela warnen.
Wer	rast ins Tal.
Im Westen	tritt eine Lawine los?

2

2 -er 5 -ss-

1 3 4 6 -ll-

1 ein

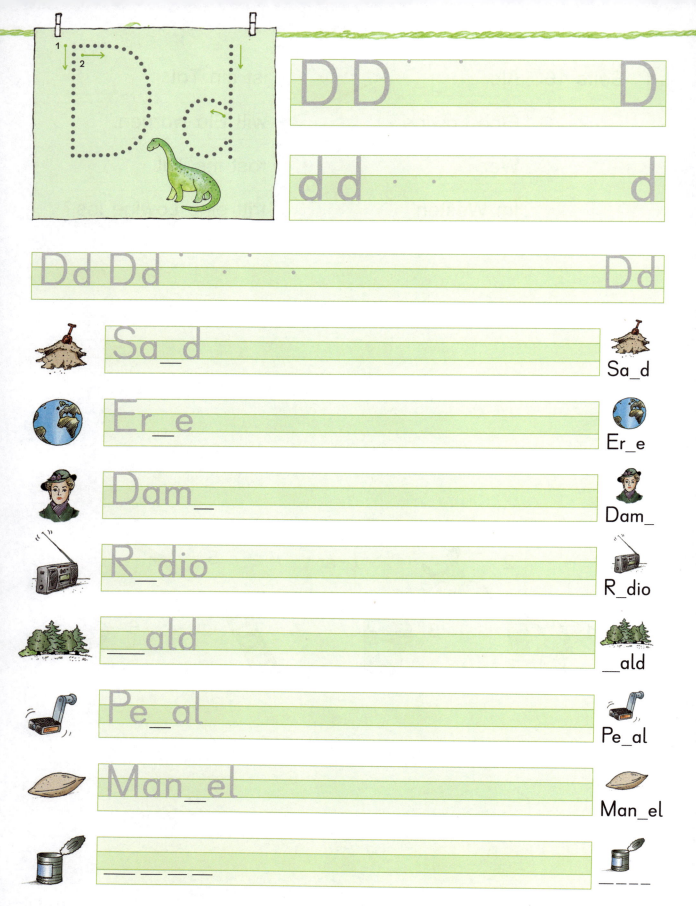

D D   D

d d   d

Dd Dd   Dd

Sa_d   Sa_d

Er_e   Er_e

Dam_   Dam_

R_dio   R_dio

__ald   __ald

Pe_al   Pe_al

Man_el   Man_el

_ _ _ _   _ _ _ _

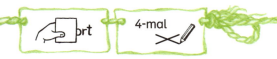

1 Panda 2 Eimer 3 Weide 4 Radio

5 Windel 6 Mond 7 Mandel 8 Adler

9 Dose 10 Rad 11 Paddel 12 Dino

1 Seite 21: Was passt?

Alo ... im See.   Didi ... mit einem Panda.

Ein Adler ... .   Im Norden ... 2 Monde.

paddelt wandert
sind landet

2

2

-el

4

6

1

3

-ss-

5

-dd-

7

1 ein

H H H

h h h

Hh Hh Hh

Ha_s

Ho_e

H_nd

Hor_

Na_h_rn

H_mmel

He_d

___ ___ ___ ___

F F   F

f f   f

Ff Ff   Ff

Fe_er   Fe_er

Dor_   Dor_

_ffe   _ffe

O_en   O_en

1 Elefant   2 Wolf   3 Wimpel   4 elf
5 Telefon   6 Fass   7 Wein   8 Sofa
9 Reifen   10 Affe   11 werfen   12 Fenster

Feiern alle ein Fest___

Wirft Papa___

ie ie   ie

ie   ie

Wiese

P_pier   P_pier

__iese   __iese

__iese   __iese

D__ner   D__ner

Flie_er   Flie_er

_asieren   _asieren

Tie_e   Tie_e

A_o_ frier_.   A_o frier_.

A_o n__st.   A_o n__st.

Dach

Milch

Ch · Ch

ch · ch

Ch ch · Ch ch

Dra__e   Dra__e

N_cht   N_cht

Wich_el   Wich_el

__lch   _lch

a__t   a__t

Ich l_che.   Ich l_che.

M_l   M_l__

1 Eiche   2 Teich   3 Nacht   4 Eicheln
5 Wichtel   6 Dach   7 Trichter   8 Elch
9 Drache   10 Milch   11 Loch   12 Rechen

1 Seite 28: Da passt etwas nicht.

Eine Ente wirft mit Eicheln. Ole wacht am Wichtel-Dorf.

Der Drache wartet hinter dem Elch.

Ein Wichtel paddelt im Teich.

2 Wo sind diese Wichtel?

1 hinten   2

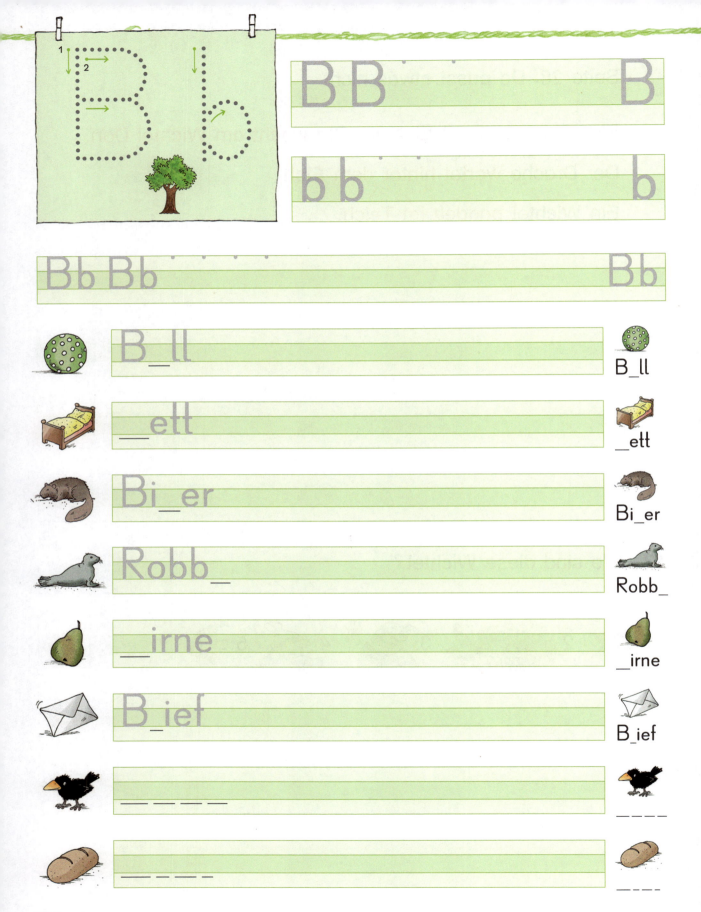

BB   B

bb   b

Bb Bb   Bb

B_ll   B_ll

__ett   __ett

Bi_er   Bi_er

Robb__   Robb_

__irne   __irne

B_ief   B_ief

__ __ __ __   __ __ __ __

__ __ __ __   __ __ __ __

1 Besen   2 Bach   3 Birnen   4 Brot

5 Biber   6 Brief   7 Wiese   8 Nebel

9 bricht   10 Becher   11 Biene   12 baden

U U   U

u u   u

Uu Uu   Uu

Uh_   Uh_

_fo   _fo

Blus_   Blus_

T_nnel   T_nnel

Wu_st   Wu_st

_und   _und

Tur_   Tur_

_ _ _   _ _ _

1 Uhu   2 Tuch   3 Hund   4 Hummel
5 Mutter   6 Buch   7 Wiese   8 Nebel
9 Blume   10 Turm   11 Brille   12 Wurst

Sind d__ beiden friedlich __

33

K K   K

k k   k

Kk Kk   Kk

K_nd   K_nd

K_eid   K_eid

Fabr_k   Fabr_k

K_rb   K_rb

B_nk   B_nk

_eks   _eks

_o k_   _o k_

_ _ _ _ _   _ _ _ _ _

34

1 Keks   2 Kuchen   3 Kette   4 Kaktus

5 Kanone   6 Korb   7 Kiste   8 Knochen

9 Kellner   10 Kamel   11 Krokodil   12 Krake

1 Seite 35: Es darf Sinn oder Unsinn werden.

Das Krokodil 🍄 einen 🍄.

Eine Krake 🍄 Elas 🍄.

Papa 🍄 ein 🍄.

Alo 🍄 in einem 🍄.

reitet	Kanu
nimmt	Knochen
paddelt	Kuchen
frisst	Kamel

2 Und was tun diese?

Kanonen	paddeln
Kisten	rosten
Kinder	kippen

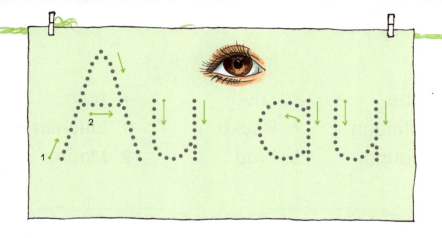

Au au.   ·   Au au

_aum   _aum

Mau_   Mau_

R___pe   R__pe

F_au   F_au

M___er   M__er

Ich lau_e   Ich lau_e.

___ __ __   __ __ __

___ __ __ __   __ __ __ __

1 Rauch   2 Taube   3 Laub   4 Auto

5 Maulwurf   6 Kaufmann   7 Pauke   8 tauchen

9 Haufen   10 Posaune   11 Frau   12 Maurer

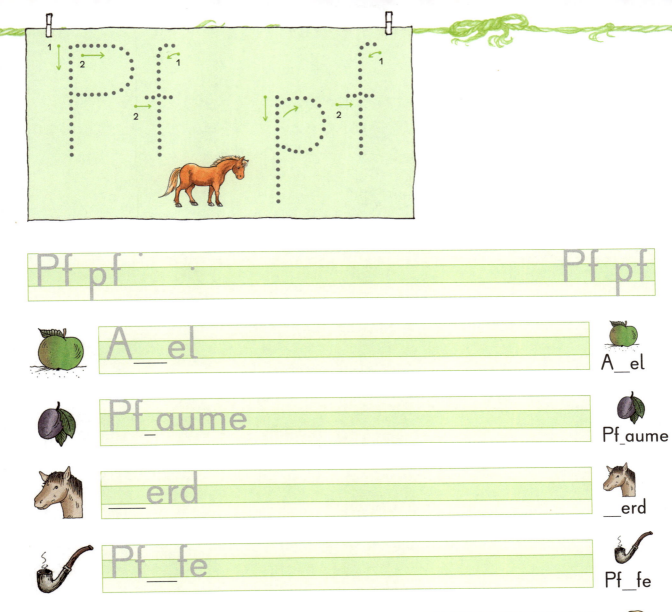

Pf pf · Pf pf

A_el   A_el

Pf_aume   Pf_aume

_erd   _erd

Pf_fe   Pf_fe

Ko_   Ko_

Pf_nne   Pf_nne

___ _ ___   _ _ _

_ _ _ _ _   _ _ _ _

Sch sch   Sch sch

_____ere   ___ere

Sch_ff   Sch_ff

B_sch   B_sch

_____rank   ___rank

T_sche   T_sche

Sch__kel   Sch__kel

Kannst du schon ____reiben __

40

1 Schild	2 Schilf	3 Flasche	4 Schiff
5 Frosch	6 Schuh	7 Schirm	8 Schachtel
9 Dusche	10 Fisch	11 schwimmen	12 schaukeln

Ein Frosch	schaukelt	am Ufer.
Alo	kauert	im Wasser.
Ein Brief	landet	an einem Ast.
Ela	treibt	in einer Flasche.
Opa	reist	auf Opas Bauch.

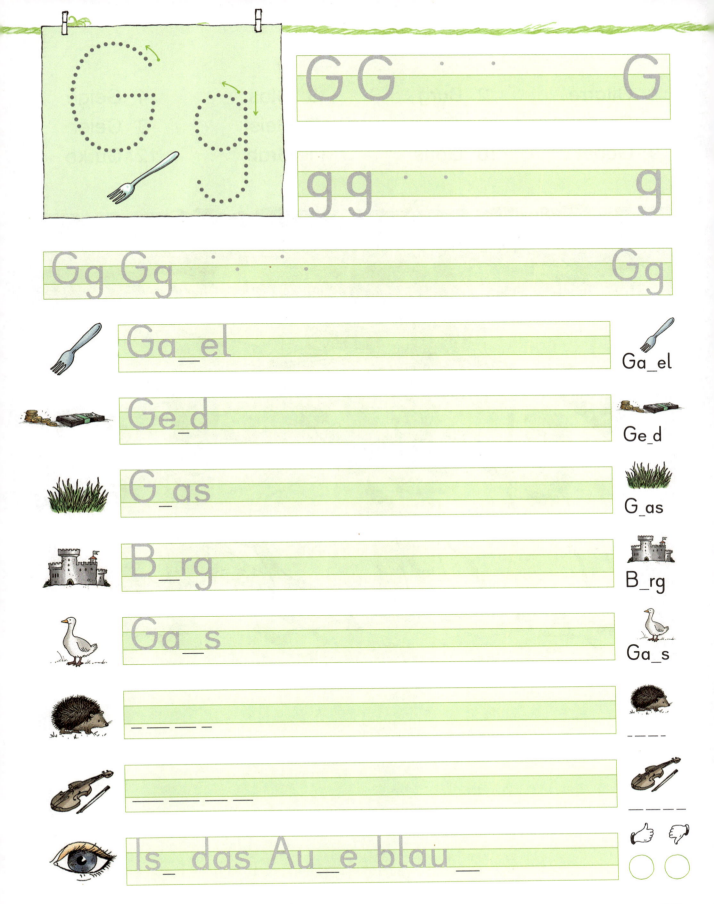

G G · · · G

g g · · · g

Gg Gg · · · Gg

Ga_el   Ga_el

Ge_d   Ge_d

G_as   G_as

B_rg   B_rg

Ga_s   Ga_s

_ _ _ _   _ _ _ _

_ _ _ _ _ _   _ _ _ _

Is_ das Au_e blau_

43

1 Gitarre 2 Burg 3 Glas 4 Geige
5 Berg 6 Tiger 7 Geist 8 Geier
9 Gabel 10 Gans 11 Grab 12 Gurke

 1 Seite 44: Kannst du es besser?

Das Fest an der Geister-Burg

Aus der Burg kommt eine Gurke geflogen.

Opa und Mama machen Gewitter.

Die Burg liegt auf einem Geist.

Papa schleppt einen Berg heran.

Donner grollt bei der Musik.

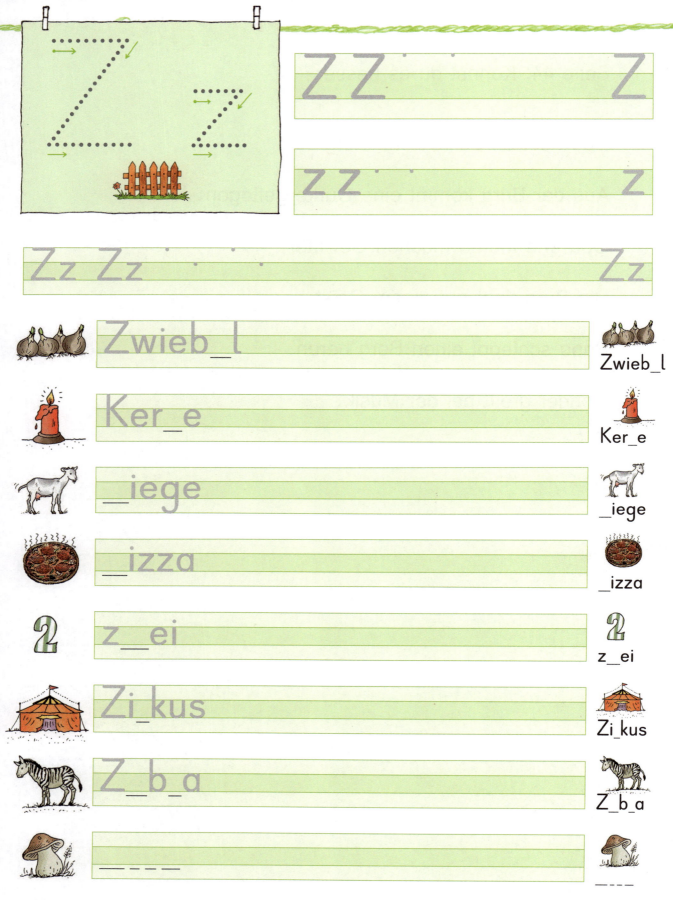

Z Z Z

z z z

Zz Zz Zz

Zwieb_l Zwieb_l

Ker_e Ker_e

_iege _iege

_izza _izza

z__ei z__ei

Zi_kus Zi_kus

Z_b_a Z_b_a

_ _ _ _ _ _ _

46

1 Pilz   2 Pizza   3 Zelt   4 Arzt

5 Zauberer   6 Zaun   7 Ziege   8 Schwanz

9 Plakat   10 Zwiebel   11 Farbe   12 Kerze

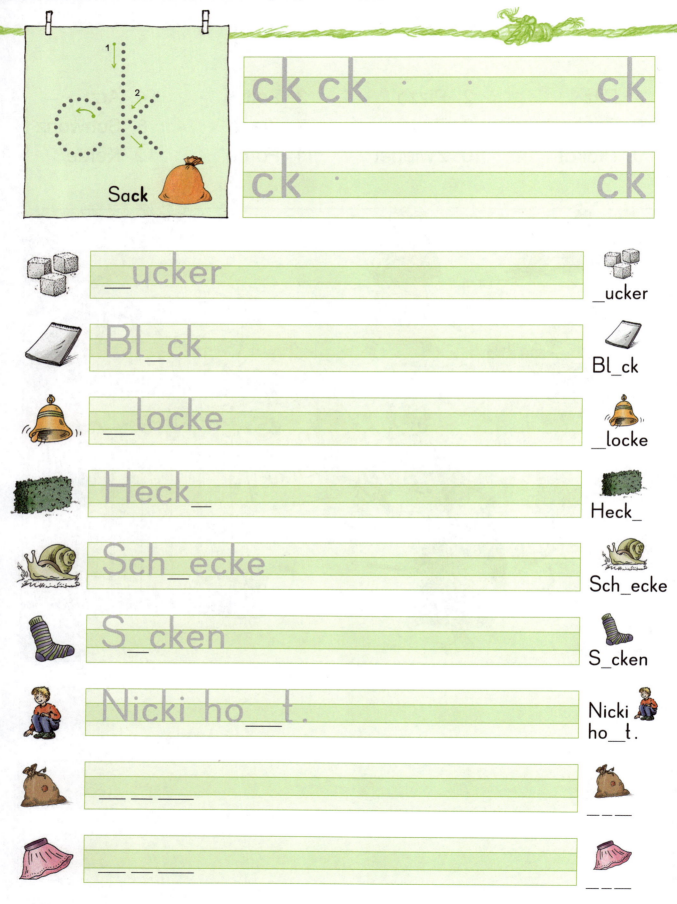

ck ck   · ·   ck

ck   ·   ck

Sack

_ucker

Bl_ck

_locke

Heck_

Sch_ecke

S_cken

Nicki ho_t.

_ucker

Bl_ck

_locke

Heck_

Sch_ecke

S_cken

Nicki ho_t.

1 Hecke   2 Deckel   3 Dackel   4 Socken
5 Fackel   6 Decke   7 Block   8 Schnecke
9 Acker   10 Hacke   11 Sack   12 Kartoffeln

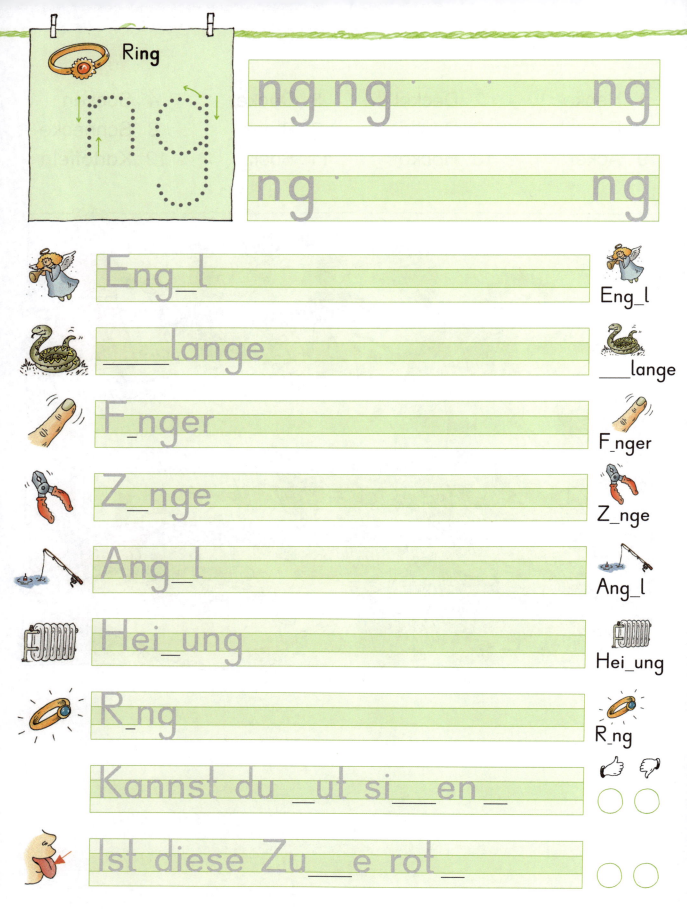

Ring

ng

ng ng ng
ng ng

Eng_l

___lange

F_nger

Z_nge

Ang_l

Hei_ung

R_ng

Kannst du _ut si___en _

Ist diese Zu__e rot _

50

St st

St   St

st   st

St st   St st

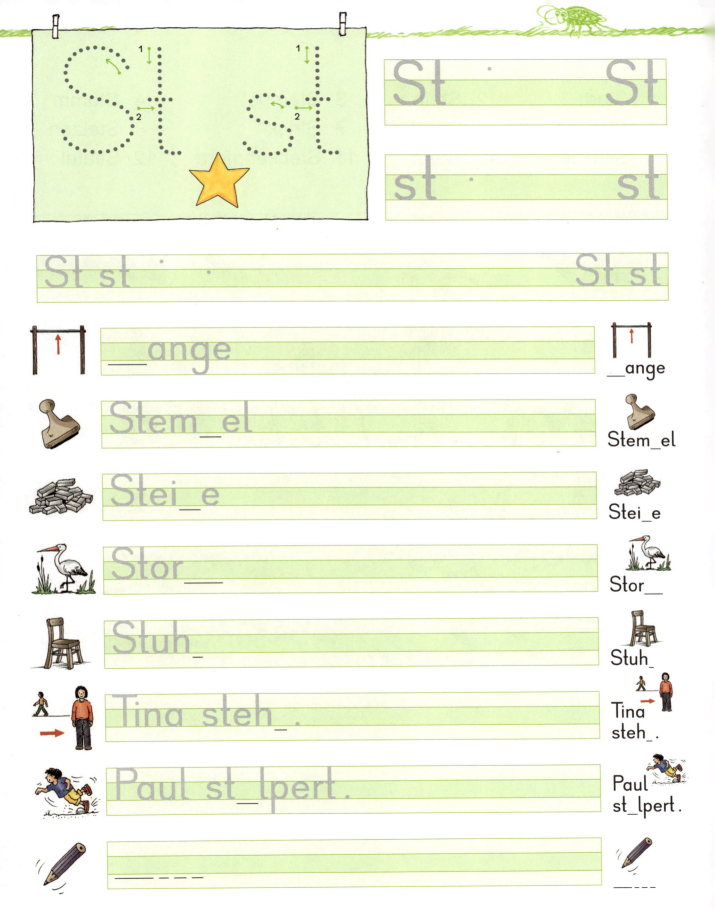

__ange   __ange

Stem_el   Stem_el

Stei_e   Stei_e

Stor__   Stor__

Stuh_   Stuh_

Tina steh_.   Tina steh_.

Paul st_lpert.   Paul st_lpert.

___ ___ ___   ___ ___ ___

1 Stadt   2 Stein   3 Stempel   4 Stamm

5 Strauch   6 Stier   7 Strick   8 Stelzen

9 Stinktier   10 Stern   11 Steckenpferd   12 Stiefel

1 Seite 52: Was passiert wirklich?

Alo ... ein Stinkpferd.

Mama ... einen Zackenbrocken.

Ela ... auf einem Steckenstern.

Papa ... bei einem Felstier.

| strei |
| chelt |

| net |
| zeich |

| tet |
| rei |

| pert |
| stol |

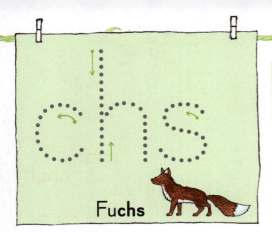

Fuchs

chs chs · chs

chs · chs

 __achs __achs

 __achs __achs

 Ochs__ Ochs_

 F__chs F_chs

 Da_____ Da___

 Ei__echse Ei_echse

 Achs__l Achs_l

6 ___ ___ ___ **6** ___ ___

 Wa_____ en auch Felsen __

54

Eu eu Eu eu

_euer

Freu_de

Teuf_l

___ro

Beu_el

Kr__z

___ ___ ___

___ ___ ___

tz tz   tz

tz   tz

Katze

___atz   ___atz

Ka__e   Ka_e

N_tz   N_tz

G_atze   G_atze

Ta__e   Ta__e

Maria _itzt.   Maria _itzt.

Bl_tzt es _   👍 👎
                ◯ ◯

Kennst du ___nen Witz_   ◯ ◯

Haben Ka__en T_tzen _   ◯ ◯

56

Sp sp   Sp sp

Spie_el   Spie_el

Sp_cht   Sp_cht

___agetti   __agetti

Sp_nne   Sp_nne

Ina sp_ingt.   Ina sp_ingt.

Ich spa_e.   Ich spa_e.

___ ___ ___ ___   ___ ___ ___ ___

Spie_st du gern ___

Ö Ö · · Ö

ö ö · · ö

K_nig

K_öte

__fen

__löte

zwö_f

__öwe

_ _ _ _

_ _ _

H_rst du gern Musik__

K_nig

K_öte

__fen

__löte

zwö_f

__öwe

_ _ _ _

__ _

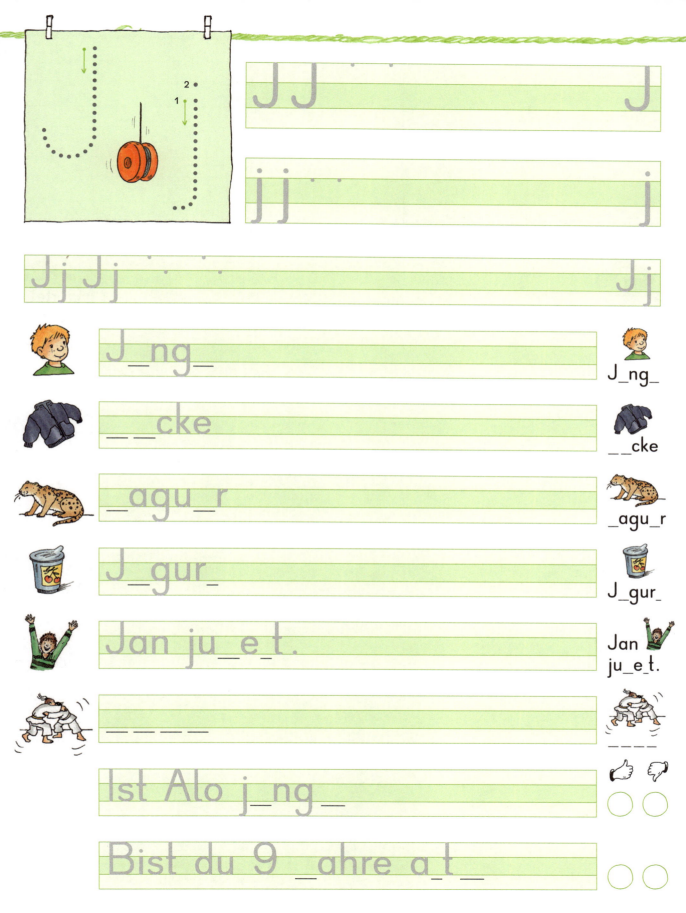

J J   J

j j   j

Jj Jj   Jj

J_ng   J_ng_

__cke   __cke

_agu_r   _agu_r

J_gur_   J_gur_

Jan ju_e_t.   Jan ju_e_t.

    ____   ____

Ist Alo j_ng_   ○ ○

Bist du 9 _ahre a t_   ○ ○

59

Tür

G_rtel

__ütze

Tü_

Bl_te

Schl_ssel

Gemü_e

Füll_r

F_ü___

____

60

G_rtel

__ütze

Tü_

Bl_te

Schl_ssel

Gemü_e

Füll_r

F_ü___

____

1 Mühle   2 Hügel   3 Mücke   4 Mütze

5 Schlüssel   6 Spiegel   7 Flöte   8 Schüssel

9 Gemüse   10 Schürze   11 Specht   12 Tür

► S. 64

Ä Ä   Ä

ä ä   ·   ·   ä

K_fer   K_fer

_pfel   _pfel

_ähne   _ähne

Sä_e   Sä_e

_äfig   _äfig

M_dchen   M_dchen

Bä_   Bä_

_ _ _ _ _

_ _ _ _

1 Käfer   2 Bäcker   3 Wäsche   4 Käse

5 Krähen   6 Säge   7 Bank   8 wäscht

9 hängt   10 Kapitän   11 Käfig   12 schält

Auf dem Hügel steht eine Spinnenmühle.

Am Ast hängt ein Kleidernetz.

Im Schloss steckt ein Holzschlüssel.

Am Boden liegt eine Eisenbürste.

Ein Kobold sitzt am Windtisch.

Häuser

Äu äu . .   Äu äu

H__ser

B_äute

Säu_e

Läuf_r

_äuber

Lea tr__mt.

65

Qu qu   Qu qu

__adrat

Qua_tett

Qu_rk

__alle

Es qual_t.

V V   V

v v   v

Vv Vv   Vv

4   vie_   4 vie_

Va_er   Va_er

Ku_ve   Ku_ve

Pul_er   Pul_er

V_lkan   V_lkan

Va__pir   Va__pir

_ _ _ _   _ _ _ _

_ _ _ _ _   _ _ _ _ _

67

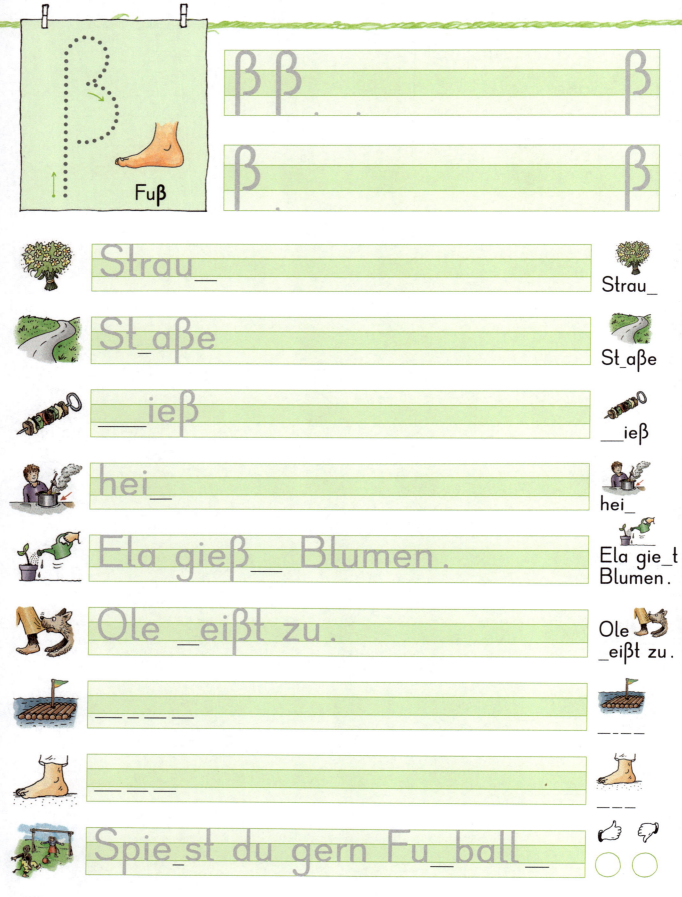

ß ß   • • ß

Fuß

ß ß   • ß

ß•

Strau__   Strau_

St_aße   St_aße

___ieß   ___ieß

hei_   hei_

Ela gieß__ Blumen.   Ela gie_t Blumen.

Ole _eißt zu.   Ole _eißt zu.

___   ___

___   ___

Spie_st du gern Fu_ball_

1 Straße   2 Schweiß   3 Hitze   4 Floß
5 Strauß   6 Kloß   7 Mäuse   8 Vulkan
9 Gießkanne   10 Quelle   11 Krebs   12 gießen

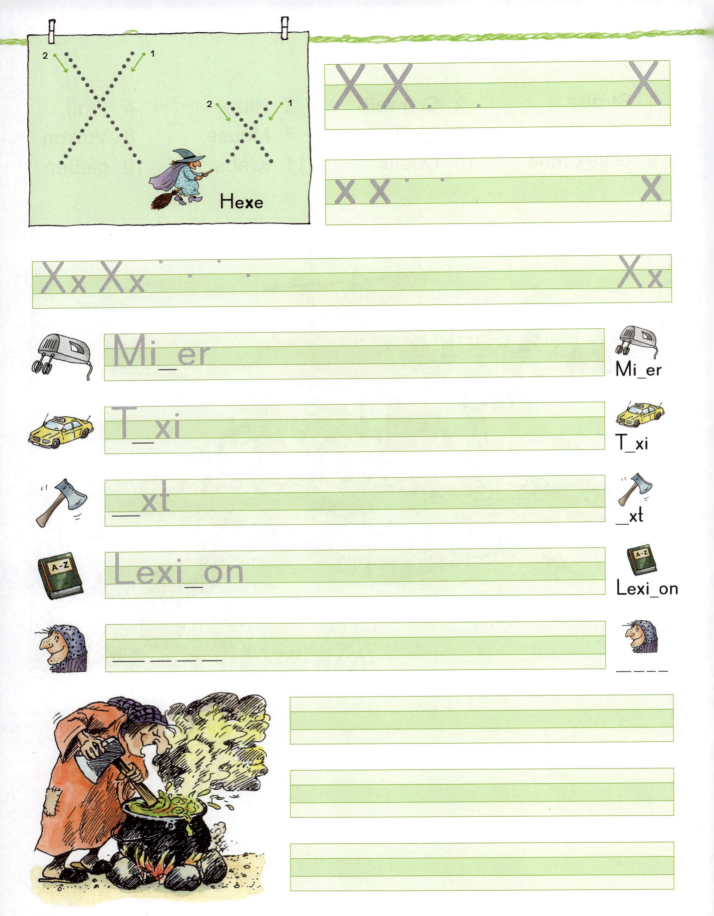

X X X

X X X

Xx Xx Xx

Mi_er

T_xi

_xt

Lexi_on

_ _ _ _

Hexe

C C · · C

c c · · c

_lown

Com_c

C_mputer

Ce_t

Co_a

Cr_me

_lown

Com_c

C_mputer

Ce_t

Co_a

Cr_me

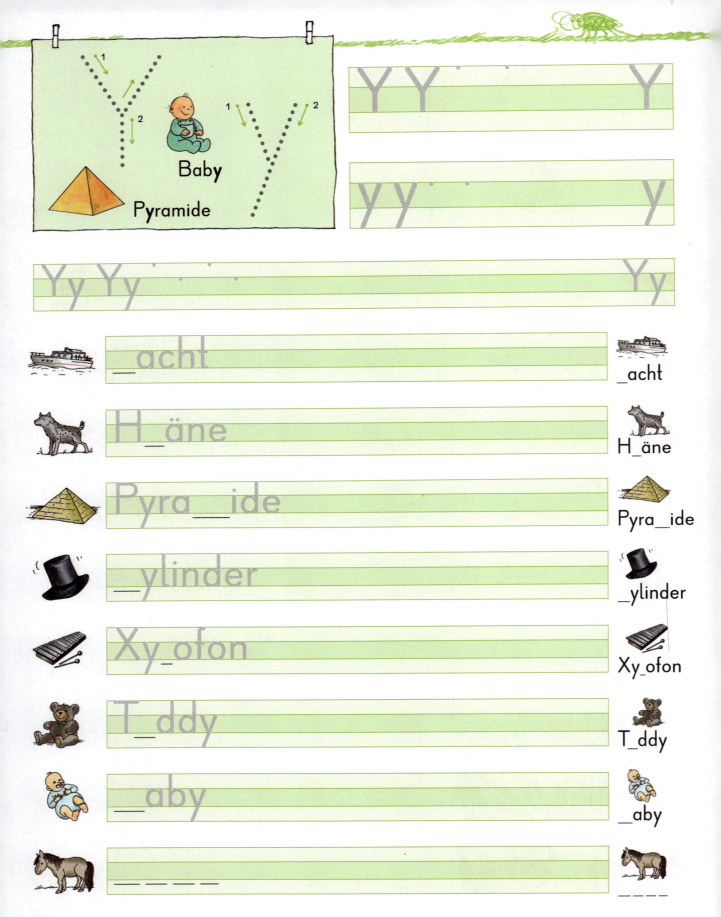

Baby

Pyramide

_acht

H_äne

Pyra_ide

_ylinder

Xy_ofon

T_ddy

_aby

_acht

H_äne

Pyra_ide

_ylinder

Xy_ofon

T_ddy

_aby

_ _ _ _